河南省地方标准

公路工程工序质量节点实时监控规程

The highway engineering quality node real-time monitoring procedures

DB 41/T 1164—2015

主编单位：河南省交通运输厅公路管理局
批准部门：河南省质量技术监督局
实施日期：2016 年 03 月 01 日

人民交通出版社股份有限公司

图书在版编目(CIP)数据

公路工程工序质量节点实时监控规程 / 河南省交通运输厅公路管理局主编. — 北京：人民交通出版社股份有限公司, 2017.2

ISBN 978-7-114-13675-7

Ⅰ.①公… Ⅱ.①河… Ⅲ.①道路工程—工程质量监督—规程 Ⅳ.①U415.12-65

中国版本图书馆 CIP 数据核字(2017)第 029606 号

书　　名：**公路工程工序质量节点实时监控规程**
著 作 者：河南省交通运输厅公路管理局
责任编辑：卢俊丽　尤　伟
出版发行：人民交通出版社股份有限公司
地　　址：(100011)北京市朝阳区安定门外外馆斜街 3 号
网　　址：http://www.ccpress.com.cn
销售电话：(010)59757973
总 经 销：人民交通出版社股份有限公司发行部
经　　销：各地新华书店
印　　刷：北京鑫正大印刷有限公司
开　　本：880 × 1230　1/16
印　　张：3
字　　数：72 千
版　　次：2017 年 2 月　第 1 版
印　　次：2017 年 2 月　第 1 次印刷
书　　号：ISBN 978-7-114-13675-7
定　　价：30.00 元

目　次

前　言

本标准按照 GB/T 1.1—2009 给出的规则起草。

本标准由河南省交通运输厅提出。

本标准由河南省交通运输厅公路管理局归口。

本标准起草单位:河南省交通运输厅公路管理局。

本标准主要起草人:张长林、李强、高爱民、刘芳、宋勇、赵宏宇、吴道新。

本标准参加起草人:谢梁萍、刘延琪、刘志科、韩劲草、霍飞、杨志升、范亚明、李运富、袁逦甲、刘丹、薛鹏涛、梁桦林、周晓华、王政、任波、马明子、申喜芹、任杰、李林、郭晶、袁卫军、薛保贵、娄晟嘉、陈海龙、鲍茜、宋迎。

引　　言

公路建设项目公共性、一次性的特点，决定了过程控制的必要性。监理单位受建设单位的委托对公路建设项目实施微观管理，是过程控制的重要主体；但监理服务的专业性较强，其产品又具有无形性和不可存储等特点，对其监管的难度较大。

制定本标准旨在建立建设单位和监理单位集约共用、实时监控的质量管理信息系统，以保障监理工作的质量为途径，进一步实现公路建设项目的过程控制。

本标准采用的“互联网＋工序质量节点”管理方法，在对巡视和旁站等日常监理工作细化、节点化的基础上，利用信息技术实时记录监理行为，以实现对监理服务质量的客观评价。

公路工程工序质量节点实时监控规程

1 范围

本标准规定了公路工程工序质量节点实时监控的术语和定义、编制工序质量节点检验细目表、实时监控监理程序、实时监控信息系统和监理服务质量评价。

本标准适用于公路建设项目的工序质量节点实时监控。

2 规范性引用文件

下列文件对于本文件的应用是必不可少的。凡是注日期的引用文件,仅注日期的版本适用于本文件。凡是不注日期的引用文件,其最新版本(包括所有的修改单)适用于本文件。

JTG F80/1　公路工程质量检验评定标准　第一册　土建工程
JTG G10　公路工程施工监理规范
JTG/T F20　公路路面基层施工技术细则
JTG F40　公路沥青路面施工技术规范
JTG F10　公路路基施工技术规范
JTG/T F50　公路桥涵施工技术规范
JGJ 18　钢筋焊接及验收规程
JGJ 107　钢筋机械连接技术规程
JGJ/T 27　钢筋焊接接头试验方法标准
JG/T 163　钢筋机械连接用套筒
GB 175　通用硅酸盐水泥
JTG E30　公路工程水泥及水泥混凝土试验规程
GB 8076　混凝土外加剂
JGJ/T 98　砌筑砂浆配合比设计规程
JGJ 55　普通混凝土设计规程
JGJ 63　混凝土用水标准

3 术语和定义

下列术语和定义适用于本文件。

3.1

工序质量节点　quality node in working procedure

对分项工程整体质量具有决定性或重大影响、对工序质量具有控制作用的工序转换节点,是建设单位和监理单位施工管理的基本单元。

3.2

工序质量节点检验细目　inspection detail about process quality's node

按 JTG F80/1 、JTG G10 以及其他相关技术标准的规定,结合承包商的施工方案和试验工程,对每一个工序质量节点之前的工序质量进行检验的项目、标准、程序、方法、频率等内容的目录。

3.3

实时监控监理程序　real-time procedures about supervision

根据监理工程师的岗位职责和审批程序,利用信息技术,使上级监理工程师和建设单位等机构的工作人员,同步接收监理活动的实时信息并即时反馈的程序。

4　编制工序质量节点检验细目表

4.1　一般规定

4.1.1　监理机构负责编制工序质量节点检验细目表,并把工序质量节点检验细目表作为监理计划和监理细则的重要内容。

4.1.2　编制工序质量节点检验细目表,应按 JTG F80/1、JTG G10 以及其他相关技术标准的规定,结合承包商的施工方案和试验工程等进行。

4.1.3　编制工序质量节点检验细目表应系统分析分项工程的全部工序,确保节点结构的合理和完整。

4.1.4　对应 JTG F80/1 中的“关键项目”,每个分项工程应至少推出一个检验项目作为“关键检验项目”;其他检验项目为“一般检验项目”。

4.1.5　应按本标准第 5.2.4、6.3.3.1 和 6.3.3.3 条的规定,编制检验项目中试验项目的试验步骤节点和图像数量,并作为施工场站和施工现场工序质量节点检验细目表的组成部分。

4.2　工序质量节点分类

按照监理阶段和施工地点划分,分项工程工序质量节点包括开工审批节点、施工场站工序质量节点和施工现场工序质量节点三种类型。

a)　分项工程开工审批节点,指监理工程师审查批复承包商提交的分项工程开工申请的工作节点;

b)　分项工程施工场站工序质量节点,一般指拌和场、预制场、加工场等场站施工的分项工程工序质量节点;

c)　分项工程施工现场工序质量节点,一般指在设计坐标、桩号等现场施工的分项工程工序质量节点,包括临时工程的工序质量节点。

4.3　工序质量节点检验细目表类型

对应本标准第 4.2 条列出的工序质量节点的 3 种类型,应编制三种工序质量节点检验细目表。

a)　分项工程开工审批节点检查细目表,按 JTG G10 中 5.1 的规定编制,主要检查内容包括工程分包、施工组织、机械设备、原材料、试验工程等,编制示例参见本标准附录 A;

b)　分项工程施工场站工序质量节点检验细目表,主要针对原材料试验、混合料试验和设备操作规程等,编制示例参见本标准附录 A;

c)　分项工程施工现场工序质量节点检验细目表,是分项工程工序质量节点检验的主要部分,编制示例参见本标准附录 A。

4.4　编制步骤

4.4.1　在施工准备阶段,监理机构应编制完成首批开工的分项工程的开工审批节点检查细目表,其他分项工程的开工审批节点按照施工顺序及时编制;开工审批节点检查细目表应报建设单位审查备案。

4.4.2　在施工阶段,承包商提交分项工程开工申请后,监理机构应按照分项工程开工审批节点检查细目表,审查承包商的开工条件,同时编制施工场站和施工现场工序质量节点检验细目表。

4.4.3 监理工程师在批复分项工程开工申请前,应完成该分项工程施工场站和施工现场的工序质量节点检验细目表的编制。编制施工场站和施工现场的工序质量节点检验细目表的步骤如下:

a) 针对分项工程的特点和项目的实际情况,确定工序质量节点名称、顺序和数量;
b) 按照相关施工和试验等技术标准的规定,参考承包商的施工方案,确定检验项目、方法、频率、监理程序等;
c) 按照相关施工技术标准的规定进行试验工程,确定关键工艺和技术参数;
d) 总监理工程师审批;
e) 建设单位审查备案。

5 实时监控监理程序

5.1 一般规定

5.1.1 按二级监理机构、一级监理机构两种类别制定实时监控监理程序。

5.1.2 根据检验项目的性质和重要程度,采用合适的审批级别和层次,然后确定相应的监理程序。设置二级监理机构的建设项目,每个分项工程应至少有一个关键检验项目列为重要现场监理程序。

5.1.3 专业监理工程师(试验监理工程师)负责现场检验(试验)及其信息的上传、接收,总监理工程师、中心试验室主任、驻地监理工程师等同步、实时接收现场信息,按照分工和权限审批或监督;建设单位、行业管理机构等同步、实时对监理程序进行监督。

5.2 二级监理机构实时监控监理程序

5.2.1 一般现场监理程序

一般现场监理程序是对一般检验项目的检验过程进行实时监控的程序;专业监理工程师检验合格后上报驻地监理工程师审批,建设单位和管理机构等对监理程序进行实时监督(图1)。

5.2.2 重要现场监理程序

重要现场监理程序是对关键检验项目的检验过程进行实时监控的程序;专业监理工程师检验合格后上报驻地监理工程师,驻地监理工程师同意后上报总监理工程师审批,建设单位和管理机构等对监理程序进行实时监督(图2)。

5.2.3 现场试验程序

现场试验程序是对主要步骤在取样现场的试验进行实时监控的程序(图3);试验结果不用中心试验室主任审批,建设单位和管理机构等对监理程序进行实时监督。适用于试验时间较短、试验方法简单的试验项目。

监理机构按照试验规程中的方法与步骤制定节点。现场试验程序的单项试验,试验步骤节点一般不少于2个,包括取样、关键的试验步骤等。

5.2.4 中心试验室试验程序

中心试验室试验程序是对主要步骤在试验室的试验进行实时监控的程序;中心试验室主持试验,中心试验室主任审批试验结果,建设单位和管理机构等对监理程序进行实时监督(图4)。

监理机构按照试验规程规定的方法和步骤制定节点。中心试验室程序中的单项试验,试验步骤节点应不少于4个,包括取样、试验准备、关键的试验步骤和试验报告等,其中关键的试验步骤数量应不少于1个。

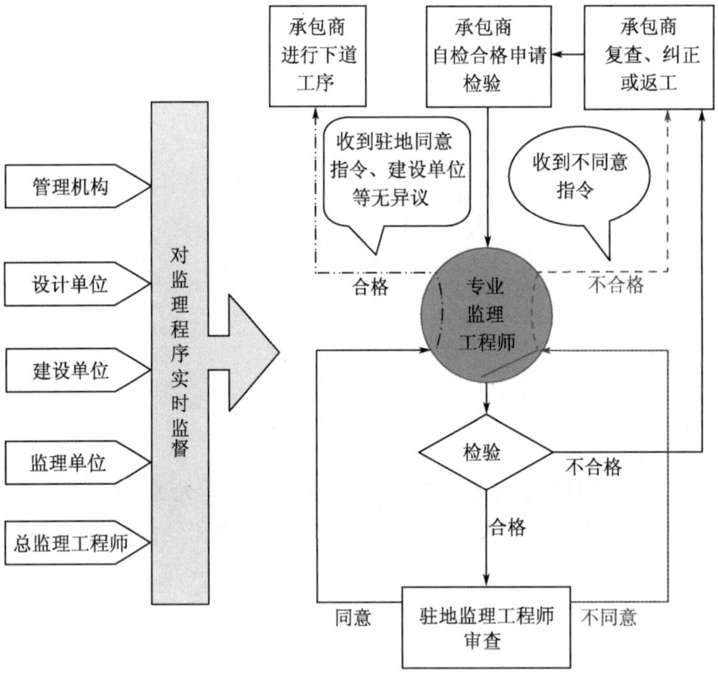

注：——→单方指令；- - - -→复合否定指令；—·—·→复合肯定指令。

图 1　一般现场监理程序

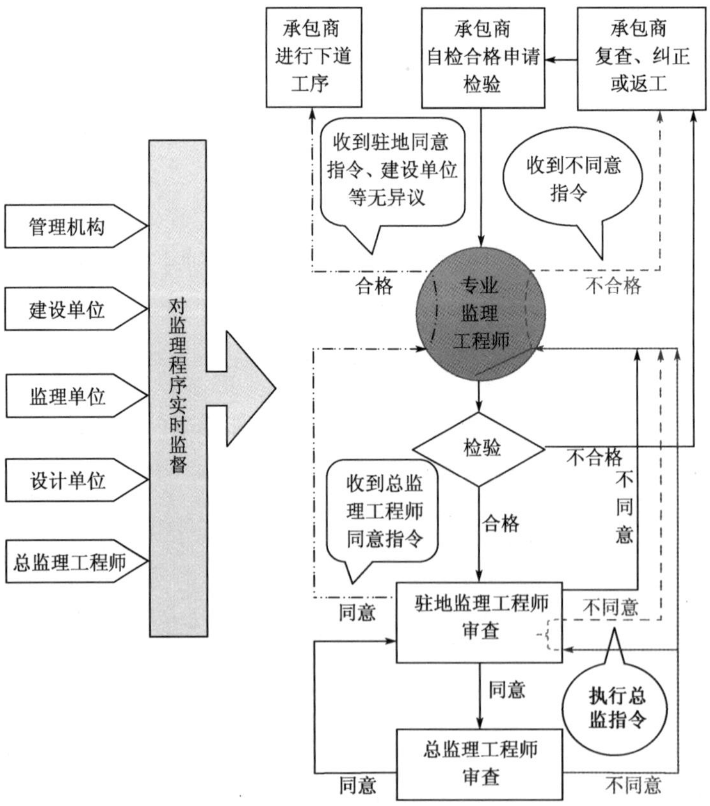

注：——→单方指令；- - - -→复合否定指令；—·—·→复合肯定指令。

图 2　重要现场监理程序

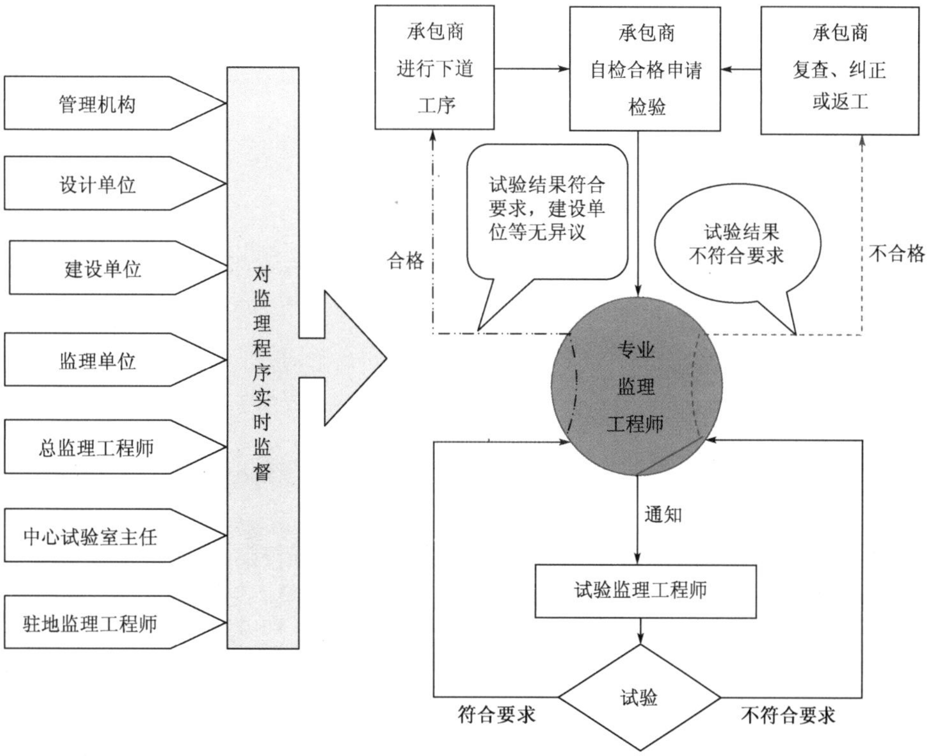

注：———▸单方指令；- - - -▸复合否定指令；—·—·—▸复合肯定指令。

图3　现场试验程序

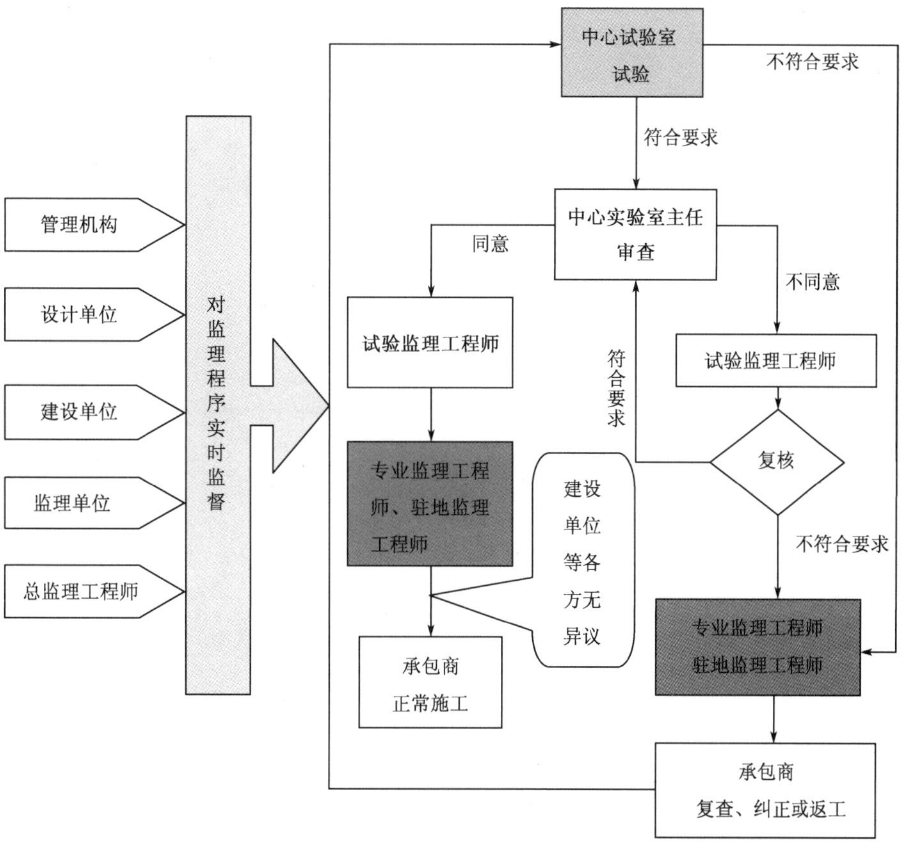

图4　中心试验室试验程序

5.3 一级监理机构实时监控监理程序

参照二级监理机构实时监控监理程序，结合一级监理机构减少驻地监理工程师岗位等特点，一级监理机构实时监控监理程序(附录B)划分为如下三种类型：

a) 现场监理程序(图B.1)；

b) 现场试验程序(图B.2)；

c) 中心试验室试验程序(图B.3)。

6 实时监控信息系统

6.1 硬件和信息网络

终端设备采用智能手机和个人计算机，数据存储与服务采用基于SqlServer或Oracle大型数据库系统的服务器。

智能手机客户端、PC客户端通过移动网络和Internet网络与服务器连接，利用全球导航卫星系统的定位、授时技术获取移动终端采集检验信息时的位置信息、时间信息(图5)。

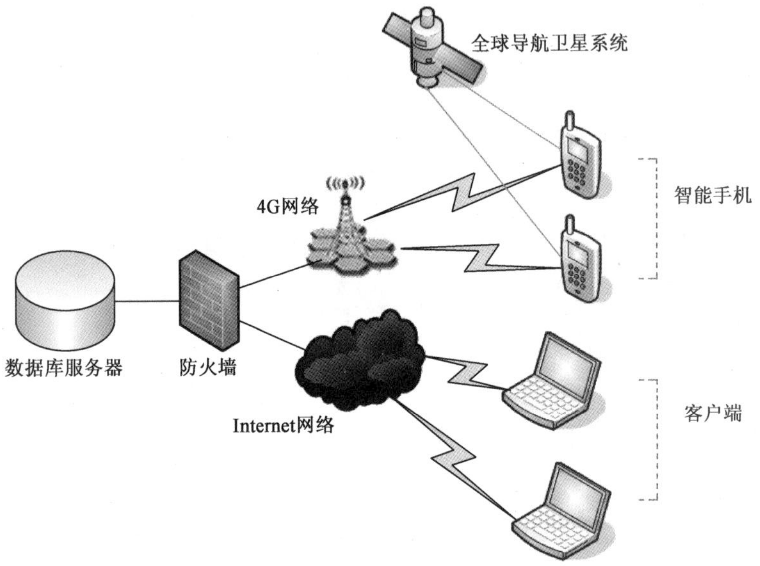

图5 硬件和信息网络图

6.2 软件设计

应针对建设单位、监理单位、施工单位等相关工作人员的岗位职能和功能要求，依据设计文件、工序质量节点检验细目表、实时监控监理程序，设计开发客户端程序、数据库程序等。

软件设计简述参见本标准附录C。

6.3 信息采集和检索的要点

6.3.1 人员履约信息

采集投标文件中承诺的或经批准变更的监理人员的身份证、执业资格证等信息，建立监理人员履约电子档案；信息系统智能识别现场监理人员的身份，并能及时发现违约人员。

6.3.2 实时监控工作群

以专业监理工程师为现场监理的执行中心和信息中心，根据监理机构设置、承包商标段等情况划分实时监控工作群体。一个项目可组成一个或多个工作群体。

6.3.3 节点信息的采集

6.3.3.1 专业监理工程师对每一个工序质量节点检验时（试验监理工程师进行现场试验和中心试验室试验步骤节点时），应首先采集上传监理工程师本人身体和工作场景的图像，图像应能清晰显示面部特征和场景特点。

6.3.3.2 专业监理工程师对每个检验项目检验过程拍照采集的图像数量一般不少于 2 张，应能够反映检验过程的关键内容。

6.3.3.3 现场试验程序的单项试验，采集的图像总数一般不少于 3 张；中心试验室试验程序的单项试验，每个试验步骤节点采集的图像一般不少于 2 张。

6.3.3.4 采集图像信息后，监理工程师根据需要人工输入与图像对应的检测数据或文字、语音等信息。

6.3.4 时间戳和位置戳

移动终端采集节点检验信息时同时自动采集卫星授时信息，并形成电子文件的时间戳。

建立路线桩号、结构物、驻地、场站等与全球导航卫星系统经纬坐标的对应关系。移动终端采集节点检验信息时同时自动采集卫星定位信息，并把卫星定位信息转换成路线桩号和结构物、驻地、场站名称等信息，形成电子文件的位置戳。

6.3.5 程序检索

每一个工序质量节点检验前，信息系统应及时汇总检索该节点之前的监理程序完成情况，包括原材料、混合料等方面的试验程序，及时发现监理程序漏检情况并通过终端自动警示。

分项工程中间交工验收前，信息系统应自动汇总检索已检验工作段、工作面、构件等监理程序的连续性、完整性，及时发现漏检情况并通过终端自动警示。

7 监理服务质量评价

7.1 一般规定

7.1.1 监理服务质量评价主要包括对质量监理的评价。

7.1.2 监理服务质量评价分为工程实体监理服务质量评价和监理人员从业服务质量评价两部分。工程实体监理服务质量评价以分项工程（子分项工程）为基本单元，监理人员从业服务质量评价以监理工程师的岗位为基本单元；评分值满分为 100 分。

7.1.3 计算机以日历天为单元统计工序质量节点检验和实时监控信息，对当天完成的分项工程（子分项工程）监理服务质量评分；当天未完成的分项工程（子分项工程）顺延到下一天评分。

7.1.4 汇总实际完成的工序质量节点检验项目和数量，与 JTG F80/1 实测项目表中的检查项目和频率对照，检索列出缺少的检查项目的项次，列为分项工程中间交工验收的检查内容；相关的监理活动作为监理服务质量评价的内容。

7.1.5 工程实体监理服务质量评价结果，应作为判定对应的工程质量是否符合 JTG F80/1 基本要求规定的重要条件。

7.1.6 监理人员从业服务质量评价结果应作为合同履约的重要内容和信用评价的资料。

7.2 评价指标

7.2.1 节点编制质量

审查监理机构提交的分项工程工序质量节点检验细目表时，建设单位应酌情扣分，每一种表最高扣3分。

7.2.2 监理服务时间

专业监理工程师、试验监理工程师接到申请或通知，至到达现场开始检验或试验的时间不得超过30min；驻地监理工程师、中心试验室主任、总监理工程师等反馈的时间不得超过10min。

监理服务时间超时一次扣1分。

7.2.3 检验项目比率

专业监理工程师实际检验的工序质量节点检验项目，其数量占检验项目总数量的比率不得少于70%；检验项目比率少于70%时，少检验一个一般检验项目扣1分。

关键检验项目应100%检验，少检验一个扣5分。

7.2.4 检验项目审批比率

检验项目审批比率评价指标分三种：

a) 驻地监理工程师审批的工序质量节点检验项目数量占应审批总数量的比率不得少于70%；少于70%时，少审批一个检验项目扣1分。
b) 中心试验室主任对中心试验室试验步骤的审批比率为60%；少审批一项试验步骤扣2分。
c) 总监理工程师对工序质量节点关键检验项目的审批比率为100%；少审批一个关键检验项目扣2分。

7.2.5 节点检验频率

专业监理工程师实际的工序质量节点检验频率不应少于规定的节点检验频率的70%；检验频率少于节点检验频率的70%时，少一项次扣1分。

试验监理工程师应按节点检验频率对应的试验次数进行试验；试验频率少于节点检验频率时，少试验一次扣3分。

7.2.6 图像采集比率

专业监理工程师实际采集的图像数量占规定总数量的比率不得少于70%；采集图像比率少于70%时，少一个图像扣1分。

试验监理工程师实际采集的图像数量占规定总数量的比率不得少于80%；采集图像比率少于80%时，少一个图像扣1分。

单个检验项目(单项现场试验、单个中心试验室试验步骤节点)实际采集的图像数量多于规定时，超过的图像数量不计入计算图像采集比率。

7.2.7 中间交工验收

分项工程中间交工验收时，应按照本标准第7.1.4条规定的检查项目和项次验收，少一个项次扣1分。

7.2.8 即时评价

建设单位、监理单位等各方工作人员通过终端设备实时监控，对有疑问、错误的监理检验程序发出质询、指令。建设单位工作人员指出错误一次，工程实体监理服务质量扣 1 分，相关监理人员从业服务质量扣 5 分。

建设单位指出检验项目漏检时，监理工程师应回复，但不扣分；监理机构内部人员之间的纠错行为不扣分。

7.3 工程实体监理服务质量分值

7.3.1 分项工程监理服务质量分值

7.3.1.1 分项工程没有子分项工程时，核减评价指标扣分值，即得出分项工程监理服务质量分值。

分项工程监理服务质量分值 = 100 − 监理服务时间扣分值 − 检验项目比率扣分值 − 检验项目审批比率扣分值 − 节点检验频率扣分值 − 图像采集比率扣分值 − 即时评价扣分值 − 中间交工验收扣分值。

7.3.1.2 当分项工程由多个子分项工程组成时，首先计算子分项工程监理服务质量分值，然后计算分项工程监理服务质量分值。

子分项工程监理服务质量分值 = 100 − 监理服务时间扣分值 − 检验项目比率扣分值 − 检验项目审批比率扣分值 − 节点检验频率扣分值 − 图像采集比率扣分值 − 即时评价扣分值。

分项工程监理服务质量分值 = Σ[(子分项工程监理服务质量分值 × 子分项工程工程量)/分项工程工程量] − 中间交工验收扣分值。

7.3.2 分部工程和单位工程监理服务质量分值

以分项工程监理服务质量分值为基础，采用加权平均值计算法确定分部和单位工程监理服务质量分值，权值按照 JTG F80/1 附录 A 的规定。

分部工程监理服务质量分值 = Σ[(分项工程监理服务质量分值 × 相应权值)/Σ分项工程权值]

单位工程监理服务质量分值 = Σ[(分部工程监理服务质量分值 × 相应权值)/Σ分部工程权值]

7.3.3 合同段和建设项目监理服务质量分值

合同段和建设项目监理服务质量分值采用加权平均值计算，权值按照《公路工程竣工验收办法》第十三条的规定取定。

合同段监理服务质量分值 = Σ[(单位工程监理服务质量分值 × 该单位工程投资额)/合同段总投资额]。

建设项目监理服务质量分值 = Σ[(合同段监理服务质量分值 × 该合同段投资额)/Σ施工合同段投资额]。

7.4 监理人员从业服务质量分值

7.4.1 监理人员从业服务质量当天分值

7.4.1.1 专业监理工程师监理服务质量当天分值：

a) 当天只完成一个分项工程(子分项工程)时，专业监理工程师从业服务质量当天分值 = 100 − 监理服务时间扣分值 − 检验项目比率扣分值 − 专业监理工程师图像采集比率扣分值 − 即时评价扣分值 − 中间交工验收扣分值。

b) 当天完成多个分项工程(子分项工程)时，其从业服务质量当天分值等于已完成工作单元分值的算术平均值。

7.4.1.2　试验监理工程师从业服务质量当天分值：

a）以单项试验为单元计算，单项试验的试验监理工程师从业服务质量分值 = 100 - 监理服务时间扣分值 - 试验监理工程师图像采集比率扣分值 - 即时评价扣分值。

b）当天只完成一个分项工程（子分项工程）时，试验监理工程师从业服务质量分值 = 单项试验从业服务质量分值的算术平均值 - 节点检验频率扣分值 - 中间交工验收扣分值。

c）当天完成多个分项工程（子分项工程）时，其从业服务质量当天分值等于已完成分项工程（子分项工程）分值的算术平均值。

7.4.1.3　中心试验室主任从业服务质量当天分值 = 100 - 检验项目审批扣分值 - 下级试验监理工程师扣分值算术平均值的 1/2 - 即时评价扣分值。

7.4.1.4　驻地监理工程师从业服务质量当天分值 = 100 - 节点编制质量扣分值 - 检验项目审批比率扣分值 - 下级监理工程师扣分值算术平均值的 1/2 - 即时评价扣分值。

7.4.1.5　总监理工程师从业服务质量当天分值 = 100 - 节点编制质量扣分值 - 检验项目审批比率扣分值 - 驻地监理工程师扣分值算术平均值的 1/2 - 中心试验室主任扣分值的 1/2 - 即时评价扣分值。

7.4.2　监理人员从业服务质量周期分值

监理人员从业服务质量评价周期内每天分值的算术平均值，即为监理人员从业服务质量的周期分值。

7.5　监理服务质量评价等级

7.5.1　工程实体监理服务质量评价等级分为合格和不合格，分值不小于 90 分者为合格，小于 90 分者为不合格。

7.5.2　监理人员从业服务质量评价等级分为优、良、差，分值不小于 95 分者为优，小于 95 分但不小于 85 分者为良，小于 85 分者为差。

7.5.3　分项工程（子分项工程）实体监理服务质量等级评价为不合格时，相关的监理人员的从业服务质量同期的评价等级不得评为优，分值不得大于 94 分。

7.5.4　下级监理工程师的监理服务质量评价等级评为差时，其上一级监理工程师的从业服务质量同期的评价等级不得评为优，分值不得大于 94 分。

7.5.5　专业监理工程师、试验监理工程师、驻地监理工程师、试验室主任、总监理工程师以外的监理人员的从业服务质量评价等级，参照但不宜高于其上一级监理工程师的评价等级。

附 录 A
（资料性附录）
分项工程工序质量节点检验细目表示例

A.1 石方路基填筑

石方路基填筑工序质量节点检验细目见表 A.1、表 A.2。

A.1 石方路基填筑开工审批节点检查细目表

<table>
<tr><th>序号</th><th>节点</th><th colspan="2">审查项目</th><th>要　求</th><th>节点检验程序</th></tr>
<tr><td rowspan="3">1</td><td rowspan="3">合同履约</td><td colspan="2">工程分包</td><td>对工程分包计划和协议进行审查，发现有非法分包、转包时，应指令施工单位纠正并报告建设单位</td><td rowspan="2">合同管理程序</td></tr>
<tr><td colspan="2">施工组织人员配备</td><td>质量、安全、环保等管理，项目负责人、技术负责人、自检人员及主要施工操作人员的配备应符合合同条款并满足施工需要</td></tr>
<tr><td colspan="2">机械设备</td><td>进场的推土机、平地机、压路机等施工机械设备应符合合同要求，满足施工质量、安全、环保、进度要求</td><td>合同管理程序</td></tr>
<tr><td>2</td><td>施工测量放线</td><td colspan="2">仪器、桩位</td><td>测量仪器按规定进行校准；对从基准点引出的控制桩进行复测，对重点桩位 100% 复测，其他桩位≥30% 抽测</td><td>一般现场监理程序</td></tr>
<tr><td>3</td><td>原材料进场检验</td><td colspan="2">试验规程</td><td>确定填料的软质、中硬、硬质等级</td><td>中心试验室程序</td></tr>
<tr><td rowspan="8">4</td><td rowspan="8">试验路段</td><td rowspan="3">准备工作</td><td>位置确定</td><td>试验路段的位置要在正线上且具有代表性，长度宜为 100m～200m</td><td>一般现场监理程序</td></tr>
<tr><td>场地清理</td><td>满足 JTG F10　3.4 要求</td><td>一般现场监理程序</td></tr>
<tr><td>基底整理压实</td><td>满足施工技术规范、施工方案要求，非土质地基应做承载力试验</td><td>一般现场监理程序</td></tr>
<tr><td rowspan="5">填筑</td><td>摊铺机械、工艺</td><td>确定推土机、平地机等摊铺机械组合及型号</td><td>一般现场监理程序</td></tr>
<tr><td>碾压机械、工艺</td><td>确定压实机械组合及型号，压实顺序、压实速度和压实遍数等</td><td>一般现场监理程序</td></tr>
<tr><td>厚度在线检测</td><td>△松铺厚度、松铺系数、检测方法、频率、沉降差</td><td>现场试验程序</td></tr>
<tr><td>△压实度在线检测</td><td>△20t 以上压路机 2 遍无明显高程差异；确定最佳含水率及碾压时含水率允许偏差、压实度检测方法</td><td>现场试验程序</td></tr>
<tr><td>中硬、硬质石料边坡码砌标准</td><td>石料强度、尺寸、码砌厚度、平顺度</td><td>一般现场监理程序</td></tr>
<tr><td>5</td><td>检验评定</td><td colspan="3">按 JTG F80/1 对试验路段检验评定</td><td>一般现场监理程序</td></tr>
<tr><td>6</td><td>审批</td><td colspan="3">开工报告</td><td>合同管理程序</td></tr>
<tr><td colspan="6">注：以“△”标识的为关键检验项目，对应 JTG F80/1 实测项目表中标识的关键项目或对质量有重大影响的检测项目。</td></tr>
</table>

A.2 石方路基填筑工序质量节点检验细目表

序号	节点名称		检验项目	质量标准	节点检验程序	检验方法	图像数量	节点检验频率	承包商自检频率
1	场地清理		原有构造物	根据设计要求处理	一般现场监理程序	目测，必要时挖坑检查	3 张	逐段检查	—
			腐殖土、表土、草皮	清理出路基以外，合理利用					
			树根	二级及二级以上公路，全部挖除，并将坑穴填平夯实					
2	非岩石基底整理压实	整理	坑洞穴回填压实	分层压实，压实度≥90%	一般现场监理程序	目测、检测	3 张	必要时	—
			泉眼或露头地下水	按设计要求，采取措施排水，保持路基内干燥	一般现场监理程序	目测、检测	3 张	全部	—
			耕地、松散土、稻田、湖塘	按设计要求进行处理	一般现场监理程序	目测、检测	3 张	全部	—
			地下水位较高	按设计要求进行处理	一般现场监理程序	目测、检测	3 张	全部	—
		压实	外观质量	表面平整，无松软、翻浆	一般现场监理程序	目测	3 张	逐段	—
			△压实度	二级及二级以上公路路堤压实度不小于90%	现场试验程序	试验规程	4 张	不少于承包商自检频率的20%	每层2点/1 000m²
3	岩石地基		承载力	满足设计要求	中心试验室程序	试验规程	8 张	全部	—
4	填筑[a]		△虚铺厚度	不大于规定值	一般现场监理程序	量测	4 张	1 次/工作段，50m 1 个断面	—
			材料一致性	填料与方案一致。同层全混合使用宽范围内填料应相同，严禁将软质石料与硬质石料混合使用	一般现场监理程序	目测、敲打等	3 张	1 次/（工作段·层）	—
			填料粒径	路堤不大于500mm，并不宜超过层厚的2/3；路床底面以下4m小于150mm；路床小于100mm	一般现场监理程序	目测、尺量等	3 张	1 次/（工作段·层）	—
			边坡码砌	中硬、硬质石料按设计要求进行边坡码砌	一般现场监理程序	目测、尺量等	3 张	随时	—

表 A.2　石方路基填筑工序质量节点检验细目表(续)

序号	节点名称	检验项目	质量标准	节点检验程序	检验方法	图像数量	节点检验频率	承包商自检频率
5	碾压[b]	平整度(上路床)	JTG F80/1 规定值	一般现场监理程序	3m 直尺	3 张	承包商自检频率 20%	每 200m 测两处×10 尺
		平整度(下路床)	JTG F80/1 规定值+30m	一般现场监理程序	3m 直尺	3 张	必要时	—
		压路机组合、碾压工艺	按施工方案	重要现场监理程序	目测、记录	3 张	1 次/工作段	—
		△层厚	不大于施工方案规定值	一般现场监理程序	开挖	4 张	必要时	—
6	检验评定	按 JTG F80/1 的规定	—	—	—	—	—	—

注 1:"随时"指需要经常检查的项目,其检查频度根据实际需要变化;"必要时"指对质量或程序等发生怀疑,需要检查时。

注 2:以"△"标识的为关键检验项目,对应 JTG F80/1 实测项目表中标识的关键项目或对质量有重大影响的检测项目。

[a] 应依据审批的松铺厚度和填筑高度,计算上下路堤最少的填筑层数并从下至上编号(填 1 ~ 填 n)。

[b] 为保证每一填筑层的质量和从下至上平整度的良好传递,特制定了上路床、下路床的平整度。

A.2　水泥稳定土(路拌法)

水泥稳定土(路拌法)工序质量节点检验细目见表 A.3、表 A.4。

表 A.3　水泥稳定土(路拌法)开工审批节点检查细目表

序号	节点	审查项目	要　求	节点检验程序
1	合同履约	工程分包	对工程分包计划和协议进行审查,发现有非法分包、转包时,应指令施工单位纠正并报告建设单位	合同管理程序
		施工组织人员配备	质量、安全、环保等管理,项目负责人、技术负责人、自检人员及主要施工操作人员应符合合同条款并满足施工需要	
		机械设备	进场的拌和机、平地机、压路机等施工机械设备应符合合同要求,满足施工质量、安全、进度要求	
2	施工测量放线	仪器、桩位	测量仪器应按规定进行校准;对从基准点引出的控制桩进行复测,对施工放线的重点桩位 100% 复测,其他桩位≥30% 抽测	一般现场监理程序
3	原材料进场检验	水泥、工程用土、水等	监理方独立取样进行平行试验,并对承包商的试验进行审查	中心试验室程序
4	配合比	最佳含水率、最大干密度	在施工单位标准试验的基础上进行试验验证,必要时做标准试验	中心试验室程序

A.3 水泥稳定土(路拌法)开工审批节点检查细目表(续)

序号	节点	审查项目	要　求	节点检验程序
5	试验路段	准备工作	试验路段要在正线上且具有代表性,长度宜为100m~200m	一般现场监理程序
			下承层的清扫,纵横接缝处理应符合要求	一般现场监理程序
		素土铺装、平整	确定素土的虚铺厚度、摊铺轻压工艺、素土平整度标准、碾压时含水率允许偏差,平整度宜用2m直尺	一般现场监理程序
		含水率控制	粗粒土和中粒土宜比最佳含水率大0.5%~1.0%,细粒土宜比最佳含水率大1.0%~2.0%。含水率小:加水、闷料、拌和;含水率过大:翻拌、凉晒或清除	现场试验程序
		△水泥摊铺	计算确定每袋水泥的摊铺面积,水泥虚铺厚度,水泥摊铺平整度标准	一般现场监理程序
		拌和	确定拌和机械型号、组合,确定拌和工艺,验证确定水泥摊铺面积(每袋)和厚度	一般现场监理程序
		整形	确定整形工艺、混合料松铺系数	一般现场监理程序
		碾压	确定压实机械组合,压实顺序、速度和遍数等工艺参数	一般现场监理程序
6	配合比验证试验	击实试验、强度试验等		中心试验室程序
7	检验评定[a]	按JTG F80/1对试验路段检验评定		一般现场监理程序
8	审批	开工报告		合同管理程序

注:以“△”标识的为关键检验项目,对应JTG F80/1实测项目表中标识的关键项目或对质量有重大影响的检测项目。

[a] 如果评定不合格应调整施工方案重做试验段。

A.4 水泥稳定土(路拌法)工序质量节点检验细目表

序号	节点名称	检验项目	质量标准	节点检验程序	检验方法	图像数量	节点检验频率	承包商自检频率
1	施工准备	清扫下承层	干净、无杂物	一般现场监理程序	目测	3张	不低于承包商自检频率的20%	全段
		接缝	规范和施工方案	一般现场监理程序	目测、量测	3张	每道1次	—
2	素土层准备	松铺厚度	±5cm	一般现场监理程序	尺量	4张	不低于承包商自检频率的20%	1断面/10m
		△含水率[a]	应综合考虑天气、拌和过程的水分蒸发等情况确定施工时的含水率;含水率小:加水、闷料、拌和;含水率过大:翻拌、凉晒或清除	现场试验程序	烧失法	3张	随机	1次/50m
		平整度	试验工程确定的标准	一般现场监理程序	2m直尺	3张	不低于承包商自检频率的20%	1断面/10m

表 A.4 水泥稳定土(路拌法)工序质量节点检验细目表(续)

序号	节点名称	检验项目	质量标准	节点检验程序	检验方法	图像数量	节点检验频率	承包商自检频率
3	△水泥摊铺	画出铺水泥方格线	±3cm	一般现场监理程序	尺量	3 张	不低于承包商自检频率的 20%	全段
		水泥袋数	不少于规定袋数	一般现场监理程序	目测	3 张	不低于承包商自检频率的 20%	全部
		水泥摊铺厚度	不小于规定值	重要现场监理程序	剂量尺寸化检验法	4 张	不低于承包商自检频率的 20%	1 断面/5m
4	拌和	拌和均匀度	色泽一致,无灰条、灰团和花面	一般现场监理程序	挖出混合料剖面后目测	3 张	不低于承包商自检频率的 20%	1 断面/10m
		深度	底部无夹层并深入下层 1mm ~ 5mm	一般现场监理程序	挖出混合料剖面后目测、尺量	3 张	不低于承包商自检频率的 20%	1 断面/10m
		灰剂量	不小于规定值	现场试验程序	EDTA 滴定	4 张	不低于承包商自检频率的 20%	3 点/1 000m^2
		含水率	粗粒土和中粒土宜比最佳含水率大 0.5% ~ 1.0%,细粒土宜比最佳含水率大 1.0% ~ 2.0%	现场试验程序	烧失法	3 张	1 次/工作段	—
5	整形	平整度	表面平整、路拱顺适	一般现场监理程序	目测	3 张	1 次/工作段	—
		虚铺厚度	按照试验工程确定的虚铺系数	一般现场监理程序	探坑或插尺	3 张	1 次/工作段	—
6	碾压	压路机组合、碾压工艺	与施工方案对照,注意端部、边部	一般现场监理程序	与施工方案对照	3 张	1 次/工作段	—
		延迟时间	从加水拌和到碾压终了时间不应超过 3h ~ 4h,并应短于水泥的终凝时间	一般现场监理程序	计时	3 张	1 次/工作班或必要时	—
		压实度	基层 98、底基层 96	一般现场监理程序	灌砂法	3 张	不少于承包商自检频率的 20%	每一作业段或 2 000m^2 测 6 点
7	养生	覆盖、洒水	—	一般现场监理程序	目测	3 张	随时	—

表 A.4 水泥稳定土(路拌法)工序质量节点检验细目表(续)

序号	节点名称	检验项目	质量标准	节点检验程序	检验方法	图像数量	节点检验频率	承包商自检频率
8	原材料试验	水泥	JTG/T F20 或设计要求	中心试验室程序	试验规程	8 张	料源变化时或 1 批/500t	—
		土	JTG/T F20 或设计要求	中心试验室程序	试验规程	8 张	料源变化或必要时	—

注 1:“随时”指需要经常检查的项目,检查频度根据实际需要变化;“必要时”指对质量或程序等发生怀疑,需要检查时。

注 2:以“△”标识的为关键检验项目,对应 JTG F80/1 实测项目表中标识的关键项目或对质量有重大影响的检测项目。

[a] 根据天气情况等有所调整,应避免拌和后含水率过大或过小。

A.3 热拌沥青混合料面层

热拌沥青混合料面层工序质量节点检验细目见表 A.5 ~ 表 A.7。

表 A.5 热拌沥青混合料面层开工审批节点检查细目表

序号	节点	审查项目		要求	节点检验程序
1	承包商合同履约	工程分包		对工程分包计划和协议进行审查,发现有非法分包、转包时,应指令施工单位纠正并报告建设单位	合同管理程序
		施工组织人员配备		项目负责人、技术负责人及质量、安全、环保等管理、自检人员、主要施工操作人员的配备应符合合同条款并满足施工需要	
		机械设备		进场的间歇式拌和机(包括场站建设)、摊铺机、压路机等施工机械设备应符合合同要求并满足施工质量、安全、环保、进度要求	
2	施工测量放线	仪器、桩位		测量仪器按规定进行校准;对从基准点引出的控制桩进行复测,对施工放线的重点桩位 100% 复测,其他桩位≥30% 抽测	一般现场监理程序
3	原材料进场检验、储存	集料	储存	各种集料分隔储存,细集料应设防雨顶棚	一般现场监理程序
			进厂检验	承包方检验质量应符合技术要求;监理方独立取样进行平行试验	中心试验室程序
		沥青	储存	沥青罐完好密闭,泵送至拌缸的距离不宜长,输送管道应有保温装置,储存温度不宜低于 130℃	一般现场监理程序
			进厂检验	经承包商检验质量应符合技术要求;监理方独立取样进行平行试验,并对承包商的试验进行审查	中心试验室程序
4	配合比	目标配合比、生产配合比设计		中心试验室在施工单位的标准试验基础上进行试验验证,必要时做标准试验	中心试验室程序
5	试验路段(旁站)	准备工作		试验路段的位置要在正线上且具有代表性,长度宜为 100m ~ 200m	一般现场监理程序
				下承层的清扫和技术处理、接缝方案应符合要求	一般现场监理程序
		透层油		透层、黏层、下封层洒布均匀情况	一般现场监理程序
		试拌	机械操作	冷料供应装置需经标定得出集料供应曲线	一般现场监理程序
			配合比控制	油石比、级配应符合要求并能够稳定生产	
			温度控制	沥青加热温度、集料加热温度和混合料出料温度等应符合规范要求	

表 A.5　热拌沥青混合料面层开工审批节点检查细目表(续)

序号	节点	审查项目		要　　求	节点检验程序
5	试验路段(旁站)	试拌	外观质量	均匀一致,无花白,无粗细料分离和结团成块	一般现场监理程序
			电脑控制	校对计算机设备逐盘打印的数据与取样试验的误差,打印与显示屏是否一致	
		试铺	摊铺机械、工艺	运输摊铺确定运输车数量、摊铺机组合、摊铺宽度及速度	
			碾压机械、工艺	确定压实机械组合、压实顺序、速度和遍数等,确定碾压段长度(一般为 60m ~ 80m)	
			压实度在线检测	建立用钻孔法与核子密度仪无破损检测路面密度的对比关系	
			温度在线检测	混合料摊铺温度、初压温度、碾压终了温度应符合规范要求	
			厚度在线检测	多点采集压实厚度与松铺厚度的对应数据,△确定松铺系数	
6	△验证生产配合比	审查承包商的试验过程和结果,必要时做验证试验			中心试验室程序
7	标准配合比	取样进行马歇尔试验,同时从路上钻取芯样观察孔隙率大小。对确定的标准配合比,宜再次进行车辙试验和水稳定性检验			中心试验室程序
8	检验评定	按 JTG F80/1 对试验路段进行检验评定			一般现场监理程序

注:以"△"标识的为关键检验项目,对应 JTG F80/1 实测项目表中标识的关键项目或对质量有重大影响的检测项目。

表 A.6　热拌沥青混合料面层拌和场工序质量节点检验细目表

序号	节点	检验项目		质量标准	节点检验程序	检验方法	图片数量	节点检验频率	承包商自检频率
1	开机检查	沥青加热温度		按 JTG F40 中,表5.2.2-2	一般现场监理程序	仪表与插入式温度计交叉对照测量	3 张	1 次/开机前	—
		集料加热温度、残余含水率		比沥青温度高 10℃ ~ 30℃。根据施工方案和当日天气等确定当日加热温度;残余含水率不大于1%	现场试验程序	测量干拌料温度	4 张	1 次/开机前	—
		计算机操作及打印		采集、控制、输出正常	一般现场监理程序	空转试机、打印	3 张	1 次/开机前	—
2	混合料拌和	沥青混合料温度	逐盘在线检测	规范或施工方案范围内	一般现场监理程序	计算机逐盘采集打印	3 张	逐盘	—
			人工量测	规范或施工方案范围内	一般现场监理程序	插入式温度计	3 张	2 次/工作班	—

表 A.6 热拌沥青混合料面层拌和场工序质量节点检验细目表(续)

<table>
<tr><th>序号</th><th>节点</th><th colspan="2">检验项目</th><th>质量标准</th><th>节点检验程序</th><th>检验方法</th><th>图片数量</th><th>节点检验频率</th><th>承包商自检频率</th></tr>
<tr><td rowspan="4">2</td><td rowspan="4">混合料拌和[a]</td><td rowspan="2">△沥青用量</td><td>逐盘在线检测</td><td>±0.3%</td><td>一般现场监理程序</td><td>计算机逐盘采集打印</td><td>3 张</td><td>逐盘</td><td>—</td></tr>
<tr><td>取样检测</td><td>±0.3%</td><td>现场试验程序</td><td>抽提试验</td><td>3 张</td><td>2 次/工作班</td><td>2 次/工作班</td></tr>
<tr><td rowspan="2">矿料级配</td><td>逐盘在线检测</td><td>JTG F40 11.4.4</td><td>一般现场监理程序</td><td>计算机逐盘采集</td><td>3 张</td><td>逐盘打印</td><td>—</td></tr>
<tr><td>取样检测</td><td>JTG F40 11.4.4</td><td>现场试验程序</td><td>试验规程</td><td>3 张</td><td>2 次/工作班</td><td>2 次/工作班</td></tr>
<tr><td rowspan="3">3</td><td rowspan="3">混合料出场[a]</td><td rowspan="3">核对出料单的主要内容及签字程序</td><td>外观检查</td><td>均匀一致,无花白,无粗细料分离和结团成块</td><td rowspan="3">一般现场监理程序</td><td>目测</td><td>3 张</td><td>2 次/工作班</td><td>—</td></tr>
<tr><td>出厂温度</td><td>规范或方案确定的范围内</td><td>插入式温度计</td><td>3 张</td><td>2 次/工作班</td><td>—</td></tr>
<tr><td>覆盖</td><td>覆盖完整,捆绑牢靠</td><td>目测</td><td>3 张</td><td>2 次/工作班,不利气候条件时增加频次</td><td>—</td></tr>
<tr><td>4</td><td>△总量检验</td><td colspan="2">油石比、级配、压实厚度等应符合规范要求</td><td>JTG F40 11.4.4</td><td>重要现场监理程序</td><td>计算机采集汇总</td><td>4 张</td><td>1 次/工作班</td><td>1 次/工作班</td></tr>
<tr><td>5</td><td>马歇尔试验</td><td colspan="2">孔隙率、稳定度、流值</td><td>符合规范要求</td><td>中心试验室程序</td><td>试验规程</td><td>4 张</td><td>1~2 次/工作班</td><td>1~2 次/工作班</td></tr>
<tr><td rowspan="3">6</td><td rowspan="3">原材料试验</td><td colspan="2">沥青</td><td>JTG F40 11.4.4</td><td rowspan="3">中心试验室程序</td><td>试验规程</td><td>8 张</td><td>不少于承包商自检频率的 20%</td><td>每料源或每批不超过 300t</td></tr>
<tr><td colspan="2">粗集料</td><td>JTG F40 11.4.4</td><td>试验规程</td><td>8 张</td><td>不少于承包商自检频率的 20%</td><td>每料源或每批不超过 1 000m³</td></tr>
<tr><td colspan="2">细集料</td><td>JTG F40 11.4.4</td><td>试验规程</td><td>8 张</td><td>不少于承包商自检频率的 20%</td><td>每料源或一批不大于 400m³(600t)</td></tr>
<tr><td colspan="10">注 1:“随时”指需要经常检查的项目,检查频度根据实际需要变化;“必要时”指对质量或程序等发生怀疑,需要检查时。
注 2:以“△”标识的为关键检验项目,对应 JTG F80/1 实测项目表中标识的关键项目或对质量有重大影响的检测项目。</td></tr>
<tr><td colspan="10">[a] 不符合规定的混合料不能出场,必要时停机检查。</td></tr>
</table>

A.7 热拌沥青混合料面层摊铺碾压工序质量节点检验细目表

序号	节点	检查项目	质量标准	节点检验程序	检查方法	图像数量	节点检验频率	承包商自检频率
1	下承层检查	基层清理	干燥、清洁、无杂物	一般现场监理程序	目测	3 张	不少于 20%	逐段检查
		透层、黏层、下封层撒布均匀情况	撒布不得有撒花、漏空、条状、堆积	一般现场监理程序	目测	3 张	不少于 20%	逐段检查
2	摊铺机	熨平板预热	不低于 100℃	一般现场监理程序	红外线温度计	3 张	必要时	摊铺前
3	摊铺	混合料摊铺温度	符合规范规定	一般现场监理程序	插入式、红外线温度计	3 张	1 次/碾压段	逐车
		摊铺速度	一般 2m/min ~ 6m/min；改性沥青 1m/min ~ 3m/min	一般现场监理程序	秒表	3 张	必要时	必要时
		△虚铺厚度	不小于设计值 × 松铺系数	重要现场监理程序	插入法量测	4 张	1 次/碾压段，20m 1 个点	随时
		外观检查	无离析、花料	一般现场监理程序	目测	3 张	1 次/碾压段	随时
4	压实及成型[a]	压路机组合、碾压工艺	与施工方案对照，注意端部、边部	一般现场监理程序	与施工方案对照	3 张	1 次/工作班	必要时
		外观	无明显轮迹	一般现场监理程序	目测	3 张	1 次/碾压段	随时
		横接缝平整度	不大于规定值	一般现场监理程序	单杆评定	3 张	必要时	逐条缝
		压实度在线检测	符合规范或设计要求	现场试验程序	核子密度仪	4 张	1 次/工作班	1 次/工作班
		碾压终了温度	不低于规定值	一般现场监理程序	插入式、红外线温度计	3 张	1 次/工作班、或必要时	随时
5	开放交通	混合料表面温度	表面温度 < 50℃	一般现场监理程序	红外线温度计	3 张	必要时	开放前

注 1："随时"指需要经常检查的项目，检查频度根据实际需要变化；"必要时"指对质量或程序等发生怀疑，需要检查时。

注 2：以"△"标识的为关键检验项目，对应 JTG F80/1 实测项目表中标识的关键项目或对质量有重大影响的检测项目。

[a] 碾压段长度根据实际情况确定，不应超过 60m。

A.4 钢筋加工安装

钢筋加工安装工序质量节点检验细目见表 A.8、表 A.9。

表 A.8　钢筋加工安装开工审批节点检查细目表

<table>
<tr><th>序号</th><th>节点</th><th colspan="2">审查项目</th><th>要　求</th><th>节点检验程序</th></tr>
<tr><td rowspan="3">1</td><td rowspan="3">合同履约</td><td colspan="2">工程分包</td><td>对工程分包计划和协议进行审查,发现有非法分包、转包时,应指令施工单位纠正</td><td rowspan="3">合同管理程序</td></tr>
<tr><td colspan="2">施工组织人员配备</td><td>质量、安全、环保等管理,项目负责人、技术负责人、自检人员及主要施工操作人员的配备符合合同条款并满足施工需要</td></tr>
<tr><td colspan="2">机械设备</td><td>进场的加工、焊接等设备符合合同要求,满足施工质量、安全、环保、进度要求</td></tr>
<tr><td rowspan="2">2</td><td rowspan="2">加工场</td><td colspan="2">场地建设</td><td>场地硬化,顶棚,工作台,设备安装等</td><td rowspan="2">一般现场监理程序</td></tr>
<tr><td colspan="2">钢筋存放</td><td>钢筋应分区存放堆置在台座上,有顶棚或覆盖措施;钢筋存放时间不宜超过 6 个月</td></tr>
<tr><td rowspan="2">3</td><td rowspan="2">△钢筋进场检验</td><td colspan="2">外观、标志</td><td>表面洁净、无损伤;具有出厂质量证明书和试验报告单</td><td>一般现场监理程序</td></tr>
<tr><td colspan="2">力学性能试验</td><td>经承包方检验质量符合技术要求;监理方独立取样进行平行试验,并对承包商的试验审查</td><td>中心试验室程序</td></tr>
<tr><td rowspan="2">4</td><td rowspan="2">连接接头试验</td><td colspan="2">外观质量</td><td>焊缝无夹渣、无气泡、无裂缝,表面光滑,余高平缓过度,弧坑填满</td><td>一般现场监理程序</td></tr>
<tr><td colspan="2">拉伸试验、弯曲试验</td><td>按 JTG/T F50 中的附录 A1</td><td>中心试验室程序</td></tr>
<tr><td rowspan="6">5</td><td rowspan="6">试验工程(首件)</td><td rowspan="3">加工(下料)</td><td>形状尺寸</td><td>按 JTG/T F50 中 4.2.2、4.2.3、4.2.6 条规定</td><td>一般现场监理程序</td></tr>
<tr><td>调直</td><td>成盘的钢筋和弯曲的钢筋均应调直。HPB235 的冷拉率不大于 2%,HRB335、400 的冷拉率不大于 1%;见 JTG/T F50 中 4.2 的规定</td><td>一般现场监理程序</td></tr>
<tr><td>弯制弯钩</td><td>按 JTG/T F50 中 4.2 的规定</td><td>一般现场监理程序</td></tr>
<tr><td rowspan="2">连接</td><td>焊接</td><td>焊接工艺、参数,质量检验,焊条质量;按 JTG/T F50 中 3.3 和 JGJ 18 的规定</td><td>一般现场监理程序</td></tr>
<tr><td>机械连接</td><td>接头工艺,质量检验;按 JTG/T F50,JGJ 107 的规定</td><td>一般现场监理程序</td></tr>
<tr><td colspan="2">绑扎与安装</td><td>架立钢筋或短钢筋的布置,绑扎工艺、扎丝型号,垫块固定,骨架的焊接顺序,钢筋网的焊接绑扎要求等</td><td>一般现场监理程序</td></tr>
<tr><td>6</td><td>检验评定</td><td colspan="3">按 JTG F80/1 对试验路工程检验评定</td><td>一般现场监理程序</td></tr>
<tr><td>7</td><td>审批</td><td colspan="3">开工报告</td><td>合同管理程序</td></tr>
<tr><td colspan="6">**注:**以“△”标识的为关键检验项目,对应 JTG F80/1 实测项目表中的关键项目或对质量有重大影响的检测项目。</td></tr>
</table>

表 A.9 钢筋加工安装工序质量节点检验细目表

序号	节点名称	检验项目	质量标准	节点检验程序	检验方法	图像数量	节点检验频率	承包商自检频率
1	存放	存放条件	钢筋应分区存放堆置在台座上，有顶棚或覆盖措施	一般现场监理程序	目测	3 张	随时	—
		存放时间	存放时间不宜超过 6 个月	一般现场监理程序	按照进场时间记录	3 张	—	—
2	加工	除锈	表面洁净、无损伤；除锈后钢筋表面有严重的麻坑、斑点伤蚀截面时，应降级使用或不用	一般现场监理程序	目测	3 张	随时	—
		调直	成盘的钢筋和弯曲的钢筋均应调直，HPB235 的冷拉率不大于 2%，HRB335、400 的冷拉率不大于 1%	中心试验室程序	外观检查合格后进行拉力试验、冷弯试验	8 张	宜与承包商同步，可以做见证试验或平行试验	一批不大于 60t
		弯制、弯钩	曲弧度顺适、无损伤，弯曲直径、平直段长度等符合设计或 JTG/T F50-4.2.4 要求	一般现场监理程序	目测、尺量	3 张	1 次／台班，数量不少于当班 30%	—
		尺寸	受力钢筋沿长度方向全长：±10mm；弯起钢筋各部分尺寸：±10mm；箍筋、螺旋筋各部分尺寸：±5mm	一般现场监理程序	尺量	3 张	1 次／台班，数量不少于当班 30%	—
3	连接	焊接[a] △外观质量	焊缝无夹渣、无气泡、无裂缝，表面光滑，余高平缓过度，弧坑填满	一般现场监理程序	目测	3 张	宜与承包商同步，可以做见证试验或平行试验	10%
		焊接[a] 力学性能	按 JTG/T F50 中附录 A1 要求	中心试验室程序	JGJ/T 27	8 张	宜与承包商同步，可以做见证试验或平行试验	1 次／批，一批不大于 300 个
		机械连接 外观质量	按 JTG/T F50 中 4.3.6 要求	一般现场监理程序	目测	3 张	宜与承包商同步，可以做见证试验或平行试验	10%
		机械连接 力学性能	按 JTG/T F50 中 4.3.4 要求	中心试验室程序	JGJ 107，JG/T 163	8 张	宜与承包商同步，可以做见证试验或平行试验	1 次／批，一批不大于 500 个

表 A.9　钢筋加工安装工序质量节点检验细目表(续)

序号	节点名称	检验项目	质量标准	节点检验程序	检验方法	图像数量	节点检验频率	承包商自检频率
3	连接	绑扎连接	按 JTG/T F50 中 4.3.7 要求	一般现场监理程序	尺量	3 张	1 次/台班,数量不少于当班 30%;单件结束检查一次	1 次/批,一批不大于 500 个
4	绑扎与安装	绑扎	绑扎率:结构或构件拐角处的钢筋交叉点应全部绑扎;中间平直部分可交错绑扎,绑扎率不小于 40%	一般现场监理程序	目测、计算	3 张	1 次/台班,数量不少于当班 30%;单件结束检查一次	—
			垂直度:箍筋与主筋垂直(设计有规定者除外)	一般现场监理程序	量测	3 张	1 次/台班,数量不少于当班 30%;单件结束检查一次	—
			绑扎牢靠,丝头不应进入混凝土保护层内	一般现场监理程序	目测、扭拉	3 张	1 次/台班,数量不少于当班 30%;单件结束检查一次	—
		垫块	垫块质量:强度、尺寸符合设计和规范要求	一般现场监理程序	测试、尺量	3 张	单件结束检查一次	—
			位置、数量:(1)底面和侧面不少于 3 个/ m^2;(2)灌注桩钢筋骨架:竖向方向不大于 2m 横向四周不少于 4 处	一般现场监理程序	目测、尺量	3 张	1 次/台班,数量不少于当班 30%;单件结束检查一次	—
		骨架焊接拼装	按 JTG/T F50 中 4.4.4 要求	一般现场监理程序	目测、尺量	3 张	1 次/台班,数量不少于当班 30%;单件结束检查一次	—
		钢筋网、束筋	按 JTG/T F50 中 4.4.5、4.4.6 要求	一般现场监理程序	目测、尺量	3 张	1 次/台班,单件结束检查一次	—
		灌注桩钢筋骨架	按 JTG/T F50 中 4.4.7 要求	一般现场监理程序	目测、尺量	3 张	1 次/台班,单件结束检查一次	—
5	原材料试验	力学性能试验	符合相关规范的规定	中心试验室程序	试验规程	8 张	不少于承包商自检频率的 20%	每批不大于 60t

注 1:“随时”指需要经常检查的项目,检查频度根据实际需要变化;“必要时”指对质量或程序等发生怀疑,需要检查时。

注 2:以“△”标识的为关键检验项目,对应 JTG F80/1 实测项目表中标识的关键项目或对质量有重大影响的检测项目。

[a] 同一台班内由同一焊工完成的 300 个同牌号、同直径焊接接头为一批;数量较少时,可在一周内计算;一周内累计仍不足 300 个,应按一批计算。

A.5 水泥混凝土

水泥混凝土工序质量节点检验细目见表 A.10 ~ 表 A.12。

表 A.10 水泥混凝土开工审批节点检查细目表

序号	节点	审查项目		要　　求	节点检验程序
1	合同履约	工程分包		对工程分包计划和协议进行审查,发现有非法分包、转包时,应指令施工单位纠正并报告建设单位	合同管理程序
		施工组织人员配备		项目负责人、技术负责人及质量、安全、环保等管理、自检人员、主要施工操作人员的配备符合合同条款并满足施工需要	
		机械设备		进场的拌和机(包括场站建设)、运输、输送泵、振动器等设备满足合同要求	
2	原材料进场检验	集料	储存	各种集料分隔储存,细集料应设防雨顶棚	一般现场监理程序
			进厂检验	经承包方检验质量符合技术要求;监理方独立取样进行平行试验,并对承包商的试验审查;质量符合 GB 175 和 JTG/T F50 的规定,检验试验按 JTG E30 要求	中心试验室程序
		水泥	储存	水泥罐安装牢固、密封良好	一般现场监理程序
			进厂检验	经承包方检验质量符合技术要求;监理方独立取样进行平行试验,并对承包商的试验审查;质量符合 GB 175 和 JTG/T F50 的规定,检验试验按 JTG E30 要求	中心试验室程序
		水	储存	宜用罐体储存	一般现场监理程序
			进厂检验	符合国家标准的饮用水可以直接使用;当采用其他水源或对水质有疑问时,应对水质进行检验;质量指标按 JGJ 63、JTG/T F50 要求	中心试验室程序
		外加剂、掺和料	进厂检验	审查承包商确定外加剂、掺和料品种和掺量的试验;按 GB 8076 和 JTG/T F50 要求	中心试验室程序
3	配合比设计	水胶比、用水率、粗细集料		审查承包商的混凝土配合比,必要时做验证试验;按 JGJ 55 和 JTG/T F50 要求	中心试验室程序
4	试拌	机械操作		水泥、集料、水等供应装置需经标定得出材料供应曲线	一般现场监理程序
		△配合比控制		理论配合比换算为施工配合比,水胶比、用水率、集料级配等符合要求并能够稳定生产	一般现场监理程序
		工作性能		混合料均匀性符合要求,颜色一致,不得有离析和泌水现象;坍落度、扩展度、泌水率、凝结时间等符合规范和施工要求	现场试验程序
5	运输	设备、运距		泵送:水平、垂直运距,输送管敷设,泵送的间歇时间不宜超过 15min;吊斗:运距不宜超过 100m;运输车:车辆及设备性能完好,应使浇筑工作不间断且使混凝土保持均匀性,坍落度损失、运输距离等符合要求	一般现场监理程序

表 A.10　水泥混凝土开工审批节点检查细目表(续)

序号	节点	审查项目	要　求	节点检验程序
6	浇筑[a]	支架、模板	对支架、模板、钢筋和预埋件等进行检查,模板内的杂物、积水及钢筋上的污物应清理干净,模板如有缝隙或空洞时,应堵塞严密不漏浆	一般现场监理程序
		振动器操作	振动器组合、单点振捣时间、振捣点布置、每层厚度及振捣时间	一般现场监理程序
		在线观感质量标准	插入式振动器插入深度、移位间距;混凝土停止下沉、不出现气泡、表面出现浮浆;防止过度振捣造成混凝土离析和泌水	一般现场监理程序
		在线时间控制	根据混凝土面积布设振捣点,依照振捣点数、厚度等计算每一浇筑层应有的振捣时间;施工时振捣时间应不少于该时间(作业时间检验法)	重要现场监理程序
			分层浇筑时,应在下层混凝土初凝或能重塑前完成上层混凝土。上下层同时浇筑时,上层与下层前后浇筑距离应保持1.5m 以上	一般现场监理程序
		大体积混凝土温控设计	分层、分块尺寸,浇筑顺序,“内降外保”措施	一般现场监理程序
7	拌和物配合比分析试验	水泥、水、集料的单位用量、水灰比等	按 JTG E30 T 0529—2005　水泥混凝土拌和物配合比分析试验方法	中心试验室程序
8	检验评定	按 JTG F80/1 对试验工程检验评定		一般现场监理程序
9	审批	开工报告		合同管理程序
注:以“△”标识的为关键检验项目,对应 JTG F80 实测项目表中的关键项目或对质量有重大影响的检测项目。				
[a] 对施工方案科学详细、经验丰富的承包商,首个构件或部位可以作为试验工程。				

表 A.11　水泥混凝土拌和场工序质量节点检验细目表

序号	节点	检验项目	质量标准	节点检验程序	检验方法	图像数量	节点检验频率	承包商自检频率
1	开机检查	调试	水泥、料斗和水的电机转速适当	一般现场监理程序	目测	3 张	—	—
		砂石料的含水率[a]	—	现场试验程序	试验规程	4 张	1 次/开机前,异常时	—
2	拌和	电脑控制系统	数据的正确性	一般现场监理程序	与设计、施工配合比等对照	3 张	1 次/工作班	—
		搅拌时间	施工方案	一般现场监理程序	计时	3 张	2 次/工作班	—
3	拌和物检验	配合比检验	规定范围内	中心试验室程序	JTG E30 中 T 0529—2005	8 张	1 次/工作班	—

表 A.11 水泥混凝土拌和场工序质量节点检验细目表(续)

序号	节点		检验项目	质量标准	节点检验程序	检验方法	图像数量	节点检验频率	承包商自检频率
3	拌和物检验		水胶比、含气量	施工方案	现场试验程序	试验规程	4 张	2 次/工作班	—
			△拌和均匀性、坍落度及其损失	按 JTG/T F50 中 6.9 要求	现场试验程序	试验规程	4 张	首盘混凝土,以后 2 次/工作班	—
4	运输	泵送	水平、垂直运距,输送管敷设,泵送时间	泵送的间歇时间不宜超过 15min	一般现场监理程序	设备说明书、相关规范	3 张	必要时	—
		吊斗	运距、卸料高度等	运距不宜超过 100m	一般现场监理程序	量测	3 张	随时	—
		运输车	搅拌运输车数量、慢速搅拌速度,运距,运送时间	途中以 2r/min ~ 4r/min 进行搅动	一般现场监理程序	计时目测	3 张	必要时	—
5	原材料试验	水泥	强度、细度、安定性、凝结时间等	GB 175	中心试验室程序	JTG E30 的规定	8 张	不低于承包商自检频率的 20%	1 次/批,1 批不大于 500t
		细集料	外观、筛分、细度模数、含泥量等	JTG/T F50	中心试验室程序	试验规程	8 张	不低于承包商自检频率的 20%	1 次/批,1 批不大于 400m^3(或一批不大于 600t)
		粗集料	外观、级配、压碎值、含泥量等	JTG/T F50	中心试验室程序	试验规程	8 张	不低于承包商自检频率的 20%	1 次/批,1 批 400 不大于 m^3(或一批不大于 600t)
		水	pH 值、氯化物等	JTG/T F50	中心试验室程序	试验规程	8 张	每年 1 次或必要时	
6	混合料出场[b]		外观质量、出场时间、签字程序	色泽均匀,无离析,时间准确	一般现场监理程序	目测等	3 张	2 次/天	宜 1 次/车

注 1:“随时”指需要经常检查的项目,检查频度根据实际需要变化;“必要时”指对质量或程序等发生怀疑,需要检查时。

注 2:以“△”标识的为关键检验项目,对应 JTG F80/1 实测项目表中标识的关键项目或对质量有重大影响的检测项目。

[a] 根据测定的含水率计算施工加水率。

[b] 不符合规定的混合料不能出场,必要时停机检查。

表 A.12 水泥混凝土浇筑振捣工序质量节点检验细目表

序号	节点名称	检验项目	质量标准	节点检验程序	检验方法	图像数量	节点检验频率	承包商自检频率
1	浇筑前检查	清理	模板内的杂物、积水及钢筋上的污物应清理干净	一般现场监理程序	目测	3 张	1 次/构件，1 次/工作班	—
		钢筋、模板等	对支架、模板、钢筋和预埋件等进行检查	一般现场监理程序	目测、尺量	3 张	1 次/构件	—
		△工作性能检查	和易性、坍落度等符合要求	现场试验程序	试验规程	4 张	浇筑前 1 次，以后每工作班 ≥2 次	浇筑前 1 次，开始后每工作班 ≥2 次
		入模温度	冬期不低于 5℃，夏期不高于气温且不高于 30℃	一般现场监理程序	量测	3 张	1 次/工作班	—
2	摊铺	摊铺厚度	不大于规定值	一般现场监理程序	尺量	4 张	1 次/浇筑层	—
		均匀性	无离析、无窝料	一般现场监理程序	目测	3 张	随时	—
		振动器组合	按施工方案	一般现场监理程序	目测、调试	3 张	1 次/工作班	应不少于抽检频率
		△振捣时间、振捣机械组合	根据混凝土面积布设振捣点，依照振捣点数、厚度、振捣器组合等计算每一浇筑层应有的振捣时间，施工时应不少于该时间	重要现场监理程序	作业时间检验法：开始与结束分别发送信息，现场计时与 GPS 计时对照	4 张	2 次/工作班	—
		观感质量	插入式振动器插入深度、移位间距；混凝土停止下沉、不出现气泡、表面出现浮浆；防止过度振捣造成混凝土离析和泌水	现场监理程序	目测	3 张	2 次/工作班	—
		间歇时间	按 JTG/T F50 中 6.11.5 要求	一般现场监理程序	计时	3 张	1 次/工作班	应不少于抽检频率
		施工缝	设置成水平面或垂直面，松散层应凿除、凿毛、冲洗干净，强度符合要求，必要时补插锚固钢筋	一般现场监理程序	目测、敲打等	3 张	1 次/道缝	应不少于抽检频率

表 A.12　水泥混凝土浇筑振捣工序质量节点检验细目表(续)

序号	节点名称	检验项目	质量标准	节点检验程序	检验方法	图像数量	节点检验频率	承包商自检频率
3	制作试件	试模外形、制作方法	试验规程	现场试验程序	目测	3 张	抽检不低于承包商自检频率的20%	单元结构物不少于2组,大体积每工作班≥2组;16m以下梁1组,16m~30m梁2组,31m~50m梁3组,50m以上5组
4	养生	保湿、覆盖	立即覆盖并保持湿润	一般现场监理程序	目测	3 张	随时	—

注1:“随时”指需要经常检查的项目,检查频度根据实际需要变化;“必要时”指对质量或程序等发生怀疑,需要检查时。

注2:以“△”标识的为关键检验项目,对应JTG F80/1实测项目表中标识的关键项目或对质量有重大影响的检测项目。

A.6　砌体工程(墩台身)

砌体工程(墩台身)工序质量节点检验细目见表A.13、表A.14。

表 A.13　砌体工程(墩台身)开工审批节点检查细目表

序号	节点	审查项目	要　求	节点检验程序
1	合同履约	工程分包	对工程分包计划和协议进行审查,发现有非法分包、转包时,应指令施工单位纠正并报告建设单位	合同管理程序
		施工组织人员配备	项目负责人、技术负责人及质量、安全、环保等管理、自检人员、主要施工操作人员的配备符合合同条款并满足施工需要	
		机械设备	进场的拌和机、运输、振动器等设备满足合同要求,满足施工质量、安全、环保、进度要求	
2	原材料进场检验	水泥	强度、细度、安定性凝结时间等。经承包方检验质量符合技术要求;监理方独立取样进行平行试验,并对承包商的试验审查	中心试验室程序
		砂	外观、细度模数、含泥量等。经承包方检验质量符合技术要求;监理方独立取样进行平行试验,并对承包商的试验审查	
		水	符合国家标准的饮用水可直接使用;当采用其他水源或对水质有疑问时,应对水质进行检验	

表 A.13　砌体工程(墩台身)开工审批节点检查细目表(续)

<table>
<tr><th>序号</th><th>节点</th><th>审查项目</th><th>要　求</th><th>节点
检验程序</th></tr>
<tr><td>3</td><td>配合比设计</td><td>施工配合比</td><td>每立方米砂浆材料用量,强度、稠度均匀度等。审查承包商的混凝土配合比,必要时做验证试验(按 JGJ /T 98 要求)</td><td>中心试验室程序</td></tr>
<tr><td>4</td><td>审批</td><td colspan="2">开工申请</td><td>合同管理程序</td></tr>
</table>

表 A.14　砌体工程(墩台身)工序质量节点检验细目表

<table>
<tr><th>序号</th><th colspan="3">节点</th><th>检验项目</th><th>质 量 标 准</th><th>节点
检验程序</th><th>检验方法</th><th>图像
数量</th><th>节点
检验频率</th><th>承包商
自检频率</th></tr>
<tr><td>1</td><td colspan="3">基底检查、清理</td><td>确定无不利于基底强度的情况后,清理杂物</td><td>按 JTG/T F50 要求</td><td>一般现场监理程序</td><td>目测、试验等</td><td>3 张</td><td>浆砌前</td><td>—</td></tr>
<tr><td>2</td><td colspan="3">测量放线</td><td>平面位置、尺寸、高程等</td><td>按 JTG F80/1 要求</td><td>一般现场监理程序</td><td>量测</td><td>3 张</td><td>浆砌前</td><td>—</td></tr>
<tr><td rowspan="5">3</td><td rowspan="5">主要原材料试验</td><td colspan="2">水泥</td><td>强度、细度、安定性、凝结时间等</td><td>按 GB 175 要求</td><td>中心试验室程序</td><td>JTG E30 的规定</td><td>8 张</td><td>不低于承包商自检频率的 20%</td><td>1 次/批,散装 1 批不大于 500t,袋装 1 批不大于 200t</td></tr>
<tr><td colspan="2" rowspan="2">砂</td><td>外观、含泥量</td><td>按 JTG/T F50 中 6. 3. 3 要求</td><td>现场试验程序</td><td>目测、试验</td><td>3 张</td><td>不低于承包商自检频率的 20%</td><td>1 次/批,1 批不大于 400m³</td></tr>
<tr><td>细度模数</td><td>按 JTG/T F50 中 6. 3. 3 要求</td><td>中心试验室程序</td><td>JTG E42 的规定</td><td>8 张</td><td>不低于承包商自检频率的 20%</td><td>1 次/批,1 批不大于 400m³</td></tr>
<tr><td rowspan="2">石料外观检查</td><td>片石</td><td>外观质量、表面洁净程度、外形尺寸</td><td>石质均匀,无风化、无裂纹;无泥土、水锈等污染;厚度不小于 150mm;</td><td rowspan="2">一般现场监理程序</td><td rowspan="2">目测、尺量</td><td>3 张</td><td>1 次/工作班</td><td>—</td></tr>
<tr><td>块石</td><td>外观质量、表面洁净程度、外形尺寸</td><td>石质均匀,无风化、无裂纹;无泥土、水锈等污染;形状大致方正,厚度应为 200mm ~ 300mm,宽度应为厚度的 1.0 ~ 1.5 倍,长度应为厚度的 1.5 ~ 3.0 倍;</td><td>3 张</td><td></td><td>—</td></tr>
</table>

表 A.14　砌体工程(墩台身)工序质量节点检验细目表(续)

序号	节点	检验项目	质量标准	节点检验程序	检验方法	图像数量	节点检验频率	承包商自检频率
3	主要原材料试验 石料外观检查 粗料石	外观质量、表面洁净程度、外形尺寸	石质均匀,无风化、无裂纹;无泥土、水锈等污染;外形方正呈六面体,正面凹陷深度不大于15mm,其他表面凹陷深度不大于20mm,修凿面錾路4条/100mm～5条/100mm,厚度应为200mm～300mm,宽度应为厚度的1.0～1.5倍,长度应为厚度的2.5～4.0倍;修凿面每100 mm应有錾路4～5条	一般现场监理程序	目测、尺量	3张	1次/工作班	—
3	主要原材料试验 预制块	外观质量、表面洁净、外形尺寸	表面平整,无破损、裂纹,无泥土等污染;规格、形状、尺寸等应统一,强度符合要求	一般现场监理程序	目测、尺量	3张	1次/工作班	—
4	砂浆工作性能	稠度、均匀度	设计和施工方案	现场试验程序	试验规程	4张	2次/工作班	—
5	浆砌 片石	分层	2～3层砌块组成一工作层,每一工作层的水平缝应大致找平	一般现场监理程序	目测	3张	1次/层或1次/工作班	—
5	浆砌 片石	外圈石	定位石和转角石应选择形状较为方正及尺寸较大的,并长短相间地与里层砌块咬接	一般现场监理程序	目测	3张	1次/层或1次/工作班	—
5	浆砌 片石	外圈砌缝 尺寸	砌缝宽度不大于40mm	一般现场监理程序	目测、尺量	3张	1次/层或1次/工作班	—
5	浆砌 片石	外圈砌缝 嵌缝料	坐浆摊铺均匀并挤紧,竖向砂浆在砌块放好后用砂浆填满捣实	一般现场监理程序	插入式检查	3张	1次/层或1次/工作班	—
5	浆砌 片石	△里层坐浆、挤浆	坐浆摊铺均匀并挤紧,不得直接贴靠或脱空,挤浆饱满,无空洞和大堆砂浆	重要现场监理程序	即时窗口检验法	4张	1次/层或1次/工作班	—

表 A.14 砌体工程(墩台身)工序质量节点检验细目表(续)

序号	节点		检验项目		质量标准	节点检验程序	检验方法	图像数量	节点检验频率	承包商自检频率
5	浆砌	块石	分层		每层石料高度大致相同,且上层厚度不大于下层厚度	一般现场监理程序	目测、尺量	3 张	插入式检查	—
			外圈石		镶面石应丁顺相间或两顺一丁排列,并长短相间地与里层砌块咬接,嵌缝料密实饱满,砌缝宽度不大于 30mm,上下层竖缝错开距离不大于 80 mm		目测	3 张		—
			外圈砌缝	尺寸	宽度不大于 30mm,上下层竖缝的错开距离不小于 80mm;		目测、尺量	3 张		—
				嵌缝料	坐浆摊铺均匀并挤紧,竖向砂浆在砌块放好后用砂浆填满捣实			3 张		—
			△里层坐浆、挤浆		坐浆摊铺均匀并挤紧,不得直接贴靠或脱空,挤浆饱满,无空洞和大堆砂浆	重要现场监理程序	即时窗口检验法	4 张	1 次/层或 1 次/工作班	—
		粗料石(预制块)[a]	分层		严格控制平面位置和高度,镶面石应一丁一顺排列	一般现场监理程序	目测、尺量	3 张	1 次/层或 1 次/工作班	—
			外圈石		一丁一顺		目测	3 张		—
			外圈砌缝	尺寸	粗料石砌缝宽度不大于 20mm,预制块砌缝宽度不大于 10mm,;上下层竖缝的错开距离不小于 100mm,在丁石的上层和下层不宜有竖缝		目测、尺量	3 张		—
			外圈砌缝	嵌缝料	坐浆摊铺均匀并挤紧,竖向砂浆在砌块放好后用砂浆填满捣实		插入式检查	3 张		—
			△里层坐浆、挤浆		坐浆摊铺均匀并挤紧,不得直接贴靠或脱空,挤浆饱满,无空洞和大堆砂浆	一般现场监理程序	即时窗口检验法	4 张	1 次/层或 1 次/工作班	—
6	勾缝		砂浆配合比		设计、施工方案确定的质量比	中心试验室程序		8 张	2 次/工作班或必要时	—
			嵌入深度		不小于 20mm	一般现场监理程序		3 张	1次/工作班或 1 次/批	—

表 A.14 砌体工程(墩台身)工序质量节点检验细目表(续)

序号	节点	检验项目	质量标准	节点检验程序	检验方法	图像数量	节点检验频率	承包商自检频率
7	养生	覆盖、洒水	砂浆初凝后,洒水覆盖养生 7d ~ 14d	一般现场监理程序	目测	3 张	随时	—
8	砂浆	配合比	JTG F40	中心试验室程序	试验规程	8 张	2 次/工作班或必要时	—
		试件	试验规程	现场试验程序	试验规程	3 张	2 次/工作班	—

注 1:"随时"指需要经常检查的项目,其检查频度根据实际需要变化;"必要时"指对质量或程序等发生怀疑,需要检查时。

注 2:以"△"标识的为质量节点关键项目,对应 JTG F80/1 实测项目表中标识的关键项目或对质量有重大影响的检测项目。

注 3:即时窗口检验法:在刚完成(水泥初凝时间范围内)的砌体工程工作面打开窗口(1 ~ 2 个/工作班),一般情况下应抽查完整断面,断面尺寸较大时可检查局部断面,断面法抽查困难时可以用插入法检查。第一个断面质量符合检验标准,继续施工,否则除要求承包商对不合格工程返工外,另外双倍抽查其他断面。

[a] 各砌层应先砌外圈定位行列,再砌筑里层,外圈砌层应与里层砌块交错连成一体。

A.7 钻孔灌注桩

钻孔灌注桩工序质量节点检验细目见表 A.15、表 A.16。

表 A.15 钻孔灌注桩开工审批节点检查细目表

序号	节点	审查项目	要求	节点检验程序
1	合同履约	工程分包	对工程分包计划和协议进行审查,发现有非法分包、转包时,应指令施工单位纠正	合同管理程序
		施工组织人员配备	质量、安全、环保等管理,项目负责人、技术负责人、自检人员及主要施工操作人员的配备符合合同条款并满足施工需要	
		机械设备	进场的钻机、护筒、导管、泥浆泵、吊车等设备满足合同条款和施工需要	
2	原材料进场检验	细集料	检验内容:外观、筛分、细度模数、有机物含量、含泥量、泥块含量及人工砂的石粉含量等	中心试验室程序
			监理方对承包商的试验审查,并独立取样进行平行试验	
		粗集料	检验内容:外观、颗粒级配、针片状颗粒含量、含泥量、泥块含量、压碎值指标等	
			监理方对承包商的试验审查,并独立取样进行平行试验	
		水泥	强度、细度、安定性、凝结时间等(水泥进场时,应附有生产厂的品质试验检验报告等合格证明文件)	
			监理方对承包商的试验审查,并独立取样进行平行试验	

表 A.15　钻孔灌注桩开工审批节点检查细目表(续)

序号	节点	审查项目	要　求	节点检验程序
3	配合比	水下混凝土	审查承包商的混凝土配合比,必要时做验证试验	中心试验室程序
		钻孔泥浆	审查承包商的泥浆配合比,必要时做验证试验;性能指标见 JTG/T F50	中心试验室程序
4	试验工程[a]	施工方案	工艺参数	重要现场监理程序
5	审批	开工申请		合同管理程序
[a] 对工程地质、水文地质或技术条件特别复杂的情况,宜在施工前进行工艺试桩。				

表 A.16　钻孔灌注桩施工现场工序质量节点检验细目表

序号	节点	检验项目	质量标准	节点检验程序	检验方法	图像数量	节点检验频率	承包商自检频率
1	平台	面积	按照施工方案,满足作业需要	一般现场监理程序	量测	3 张	1 次/钻机就位前	—
		顶面高程	高于地面 0.5m;高于最高水位 1.0m 以上,有波浪或潮水时,高于最高波浪或潮水位 1.5m ~ 2.0m	一般现场监理程序	水准仪	3 张	1 次/钻机就位前	—
		牢固稳定性	符合设计和规范要求	一般现场监理程序	根据工地情况	3 张	1 次/钻机就位前根	—
2	护筒设置	内径	大于桩径至少 200mm	一般现场监理程序	尺量	3 张	护筒进场时	—
		位置	中心偏差:不大于 50mm(深水基础不大于 50mm),倾斜度不大于 1%	一般现场监理程序	量测:旱地和筑岛采用挖坑埋设法,水中采用导向架定法	3 张	1 次/设置开始,1 次/设置结束	—
		高度	按照施工方案(高于地面 0.3m或水面 1.0m ~ 2.0m;高于潮水位 1.5m ~ 2.0m;高于承压水位 2.0m)	一般现场监理程序	量测	3 张	设置结束	—
		埋置深度	按照施工方案(旱地和筑岛宜为 2m ~ 4m;冲刷河床,冲刷线以下 1.0m ~ 1.5m;其他按设计)	一般现场监理程序	尺量	3 张	设置结束	—
		密封性能	旱地和筑岛时,底部和外侧四周应采用黏质土回填并分层夯实;水中沉设护筒时,保证连接处的焊接质量(内壁无突出物,耐拉、压,不漏水)	一般现场监理程序	目测,敲击	3 张	必要时	—
		内径	大于桩径至少 200mm	一般现场监理程序	尺量	3 张	护筒进场时	—

表 A.16 钻孔灌注桩施工现场工序质量节点检验细目表(续)

序号	节点	检验项目	质量标准	节点检验程序	检验方法	图像数量	节点检验频率	承包商自检频率
3	钻孔	钻位	尽量位于护筒中心	一般现场监理程序	测量距离护筒壁四周的尺寸	3 张	开钻前	—
		钻速	开钻时应慢速钻进,待导向部位或钻头全部进入地层后,方可正常钻进	一般现场监理程序	观测	3 张	必要时	—
		泥浆性能	相对密度、黏度、含砂率、胶体率、失水率和泥皮厚等符合规范和施工方案的要求	现场试验程序	JTG/T F50 附录 D《泥浆各种性能指标的测定方法》	4 张	必要时	—
		泥浆面或水位	应高于护筒低口 500mm 以上	一般现场监理程序	量测	3 张	随时	—
4	钻孔检验	孔深	摩擦桩不小于设计支承桩;超深不小于 50mm	重要现场监理程序	测绳	4 张	每桩	—
		孔径	不小于设计	一般现场监理程序	探孔器	3 张	1 次/工作班	—
		钻孔倾斜度	1% 桩长,且不大于 500mm	一般现场监理程序	用测壁(斜)仪或钻杆垂线法	3 张	1 次/工作班	—
		沉淀厚度	摩擦桩:符合设计规定。设计未规定时,直径 ≤1.5m 的桩,≤200mm;对桩径 >1.5m 或桩长 >40m 或土质较差的桩,≤300mm;支承桩:不大于设计规定;设计未规定时 ≤50mm	一般现场监理程序	沉淀盒或标准测锤	3 张	钻孔结束	—
5	清孔[a]	泥浆性能指标	清孔后泥浆指标:相对密度 1.03 ~ 1.10;黏度 17Pa · s ~ 20Pa · s;含砂率 <2%;胶体率 >98%	现场试验程序	按照 JTG/T F50 附录 D	3 张	清孔结束	—
6	安装钢筋骨架	倾斜度	0.50%	一般现场监理程序	用测壁(斜)仪或钻杆垂线法	3 张	安装结束、灌注混凝土前检验	—
		中心平面位置	20mm		全站仪或经纬仪	3 张		—
		顶端高程	±20mm		水准仪	3 张		—
		底面高程	±50mm		水准仪	3 张		—

表 A.16 钻孔灌注桩施工现场工序质量节点检验细目表(续)

<table>
<tr><th>序号</th><th>节点</th><th>检验项目</th><th>质量标准</th><th>节点检验程序</th><th>检验方法</th><th>图像数量</th><th>节点检验频率</th><th>承包商自检频率</th></tr>
<tr><td rowspan="2">7</td><td rowspan="2">二次清孔</td><td>泥浆性能指标</td><td>清孔后泥浆指标:相对密度 1.03 ~ 1.10、黏度 17Pa·s ~ 20Pa·s、含砂率 < 2%,胶体率 > 98%</td><td>现场试验程序</td><td>按 JTG/T F50 附录 D</td><td>3 张</td><td rowspan="2">清孔结束、灌注混凝土前检验</td><td>—</td></tr>
<tr><td>沉淀厚度</td><td>按 JTG/T F50 中表 8.7.3</td><td>重要现场监理程序</td><td>沉淀盒或标准测锤</td><td>4 张</td><td>—</td></tr>
<tr><td>8</td><td>混凝土性能试验[b]</td><td>均匀性、坍落度</td><td>坍落度:桩孔 D < 1.5m 时,宜为 180mm ~ 220mm;$D \geq 1.5$ m 时,宜为 160mm ~ 200mm</td><td>现场试验程序</td><td>试验规程</td><td>4 张</td><td>灌注前</td><td>—</td></tr>
<tr><td rowspan="6">9</td><td rowspan="6">灌注混凝土</td><td>首批混凝土数量</td><td>满足导管首次埋置深度 1.0m以上的需要</td><td>一般现场监理程序</td><td>量测,计算</td><td>3 张</td><td>灌注前</td><td>—</td></tr>
<tr><td>水头高度</td><td>保持稳定</td><td>一般现场监理程序</td><td>目测、尺量</td><td>3 张</td><td>随时</td><td>—</td></tr>
<tr><td>导管埋置深度</td><td>2m ~ 6m</td><td>一般现场监理程序</td><td>及时量测孔内混凝土顶面高程</td><td>3 张</td><td>随时</td><td>—</td></tr>
<tr><td>灌注桩顶高程</td><td>比设计高程高出 0.5m 以上</td><td>一般现场监理程序</td><td>量测</td><td>3 张</td><td>灌注结束前</td><td>—</td></tr>
<tr><td>△灌注时间</td><td>不得超过首批混凝土的初凝时间</td><td>一般现场监理程序</td><td>作业时间检验法</td><td>3 张</td><td>1 次/桩</td><td>—</td></tr>
<tr><td>灌注连续性</td><td>连续灌注,不得中断</td><td>一般现场监理程序</td><td>目测</td><td>3 张</td><td>旁站</td><td>—</td></tr>
<tr><td colspan="9">注 1:"随时"指需要经常检查的项目,其检查频度根据实际需要变化;"必要时"指对质量或程序等发生怀疑,需要检查时。
注 2:以"△"标识的为关键检验项目,对应 JTG F80/1 实测项目表中标识的关键项目或对质量有重大影响的检测项目。</td></tr>
<tr><td colspan="9">[a] 不得用加深钻孔深度的方式代替清孔。
[b] 应充分考虑气温、运距、时间的影响。</td></tr>
</table>

附 录 B

(规范性附录)

一级监理机构实时监控监理程序

一级监理机构实时监控监理程序分为三种类型:现场监理程序、现场试验程序、中心试验室试验程序,如图 B.1 ~ 图 B.3 所示。

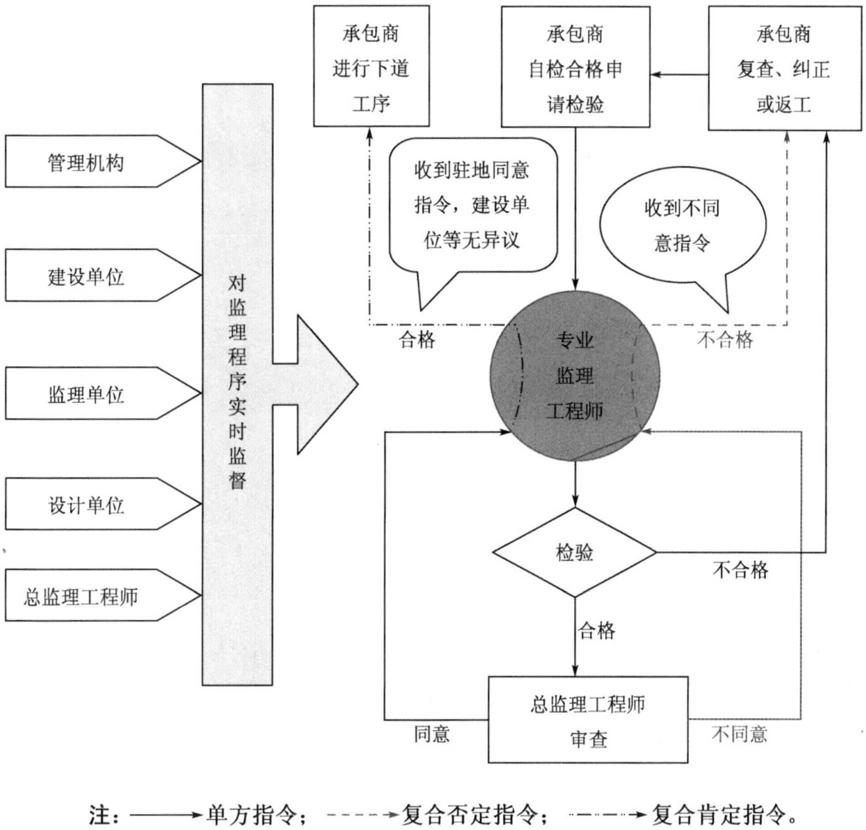

图 B.1 现场监理程序

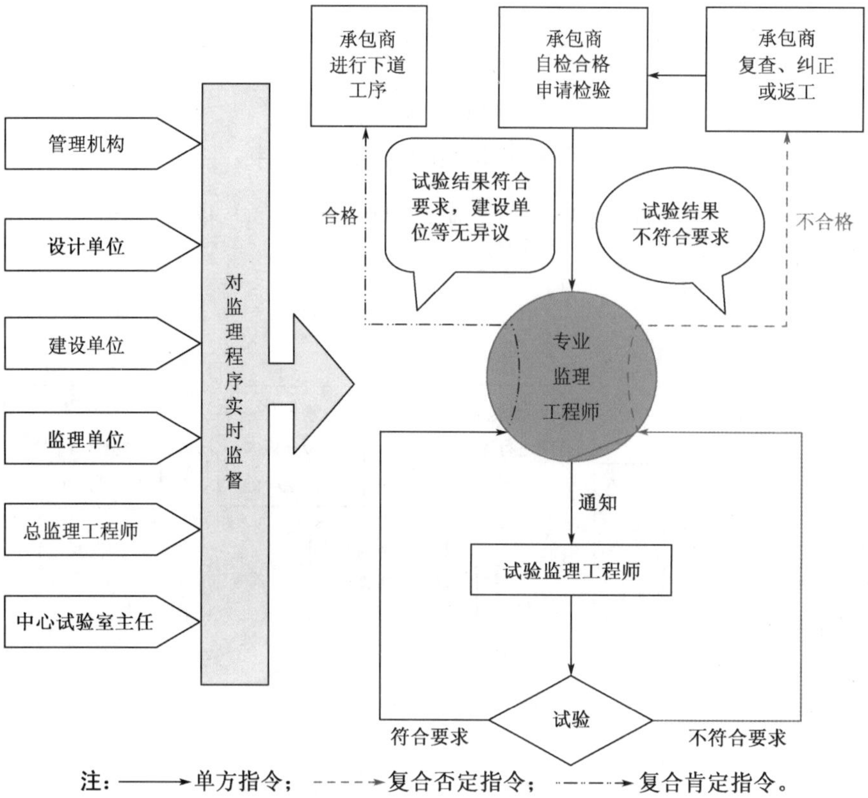

图 B.2　现场试验程序

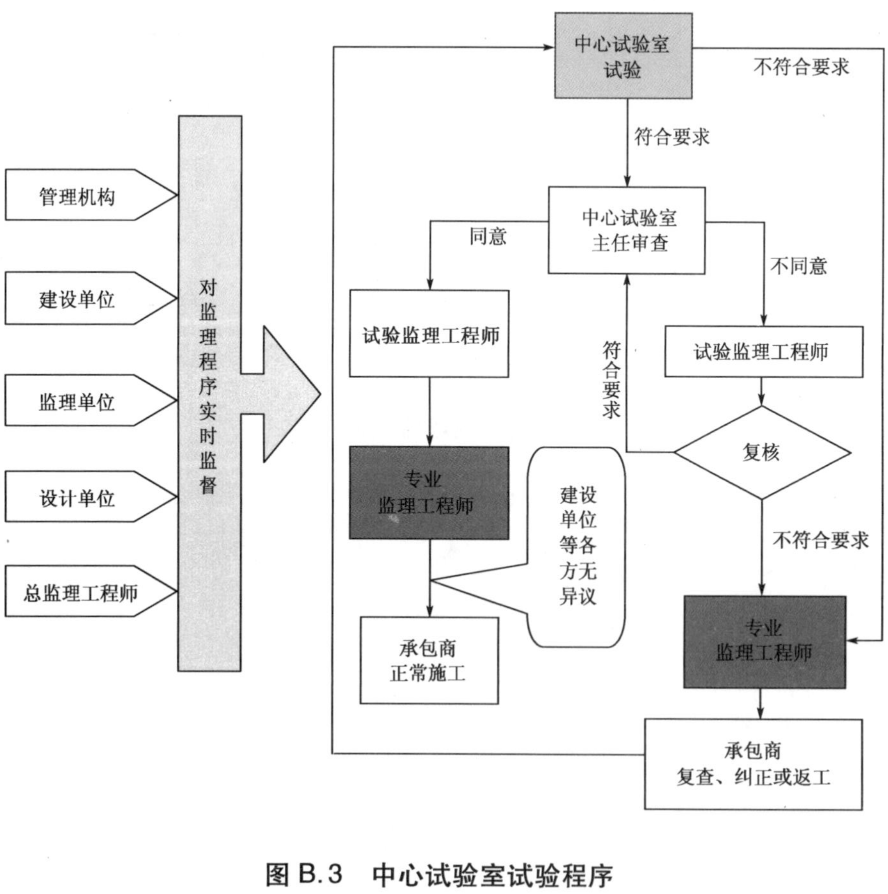

图 B.3　中心试验室试验程序

附 录 C
（资料性附录）
实时监控软件设计

C.1 移动端现场数据采集与管理系统

运行于智能手机终端的APP软件系统，可实现现场数据采集、上级监理审批、检查与监督等功能。主要功能如下：

a） 人员身份识别；
b） 承包商报验；
c） 专业监理工程师验收；
d） 驻地监理工程师审批；
e） 总监理工程师审批；
f） 中心试验室采集数据录入；
g） 中心试验室主任审批；
h） 建设单位检验过程监督与现场检查；
i） 设计代表检验过程监督。

C.2 PC端数据查看管理系统

运行于PC端的信息系统，可实现系统初始化定义、综合查询与分析，主要功能如下：

a） 工序质量节点信息的定义与录入；
b） 单位工程、分部工程与分项工程的划分及录入；
c） 检验数据的查询；
d） 检验结果分析；
e） 监理服务质量评价分析；
f） 统计报表的生成。

C.3 数据通信与控制系统

数据通信与控制系统实现服务器与移动终端的实时通信与信息的发布与接收，主要功能如下：

a） 移动终端认证与在线控制；
b） 现场与试验室采集数据、审批结果、检查信息等的上传与保存；
c） 根据上传信息向相关的移动终端进行发布与控制。

C.4 数据库系统

数据库系统可实现数据的存储、备份、一致性控制等功能。